JN418889

人文의 나래
어해도 가는 길

시인의 마을 시인선 41

人文의 나래 -어해도 가는 길

2019년 11월 30일 1판 1쇄 인쇄
2019년 12월 5일 1판 1쇄 발행
지은이 이영식
펴낸이 심혁창
펴낸곳 도서출판 한글
마케팅 정기영
우편 04116
서울특별시 마포구 신촌로 270(아현동)
수창빌딩 903호
☎ 02-363-0301 / FAX 362-8635
E-mail : simsazang@hanmail.net
창 업 1980. 2. 20.
이전신고 제2018-000182

* 파본은 교환해 드립니다
* 정가 10,000원

ISBN 97889-7073-571-9-03130

이 도서의 국립중앙도서관 출판예정도서목록(CIP)은 서지정보유통지원시스템 홈페이지(http://seoji.nl.go.kr)와 국가자료종합목록 구축시스템(http://kolis-net.nl.go.kr)에서 이용하실 수 있습니다. (CIP제어번호 : CIP2019048306

* 이 시집은 울산광역시, 울산문화재단 2019 시니어창작발표 지원 사업의 일환으로 발간되었습니다.

시인의 마을 시인선 41

人文의 나래

어해도 가는 길

이영식 시집

도서출판 한글

시인의 말

잘살고 잘살아 간다는 것
그 숨겨진 가치가 어디에 있는가?
"문학은 인생에 있어서 가장 가치 있는 것
그걸 모르는 나라에 사는 것은 비극"이라고
이스마일은 말한다.
작품을 쓰게 하는 것은 내면 깊은 곳에서
벌어지는 삶의 과정이다.
정신문화가 바로 서야 인생이 튼실하다.
내 감성의 만족만 채우는 것이
정도正道가 아니기에
여기 인문人文의 나래로 더듬어 본다.

2019. 11.
늦은 가을
이영식

차 례

제1부

人文으로 소통하다

가슴속 맑은 심성 그 청계천
인문人文의 흐르는 청담수 동세가 멈추면

인생의 맑은 수질에
외로운 오염수가 흐른다

검어진 물에 흰 소금을 뿌리고 뿌려도
마음 빛 맑아지는 것이 아니더라

가슴의 개구부를 활짝 열어놓고
사서삼경을 정신에 깊이 새기고
깨끗한 마음 졸졸졸 소통을 시켜야

썩지도 외롭지도 않고 푸르고 맑게
더 넓고 멀리 세월 앞서서 흘러가더라.

하늘의 섭리

세상은 정말 요지경이 되어 간다
자식 낳아 번성하고 온 땅을 채워라
하늘의 엄중한 섭리를 망각하고
동성애 합법화 만지작거린다

이 사건은 한번 틀어져 버리면
불가역적이다
개도 소도 동성애는 안 할 거란다

아무리 이성문제가 개판이라도
여자끼리 남자끼리는 넣고 뺄 게 없는데
무슨 이런 일이 있을 수가 있단 말인가

만물의 영장 자리를 미루지 말고
개 소 돼지에게 넘겨줘야 하겠다

이게 바로 소돔과 고모라의 천벌
배턴 두 번째로 받는 것이 아닌가

영혼에 중병이 들지 않고서야
어찌 이런 일이 있을 수 있단 말인가

이러다가 동성결혼이 퍼져나가면
인간 씨가 마르고 세상은 짐승 판이
와글와글 하겠다

동성애 하기 전에 인간 호적에서
말끔히 파내어 개들 소들 그 다음
순서로 다시 올려라

제발 하늘의 섭리 거역하지 말자
파렴치범이 되어 대지진의 천벌을 받아
모두 멸망하기 전에
짐승들이 쳐다보고 폭소하기 전에

인간이란 그 말의 뜻을 도침하듯
반듯하게 다시 펴보자.

행복 짓기

세상에서 제일 좋은 선물은
흘려버리지 않고 살아 있는 웃음이다

미소는 한 곳으로 사람들을 모은다
내 눈가의 미소
내 입술의 미소는 진실이다

물로 씻어도 비벼도
잘 지워지지도 않는 미소

맑은 미소는 반가움이고
기쁨이고 사랑이다

얼굴마다 미소의 향기가
다르지만 그래도 미소는
귀엽고 반갑다

사람은 황혼이라도 미소를 품어야
얼굴이 활짝 피어난다

웃으면 하늘이 복을 내린다고 한다
복은 바라는 행복이다
마음을 씻고
가슴속 웃음을 얼굴에다 담아라

미소를 지우면 사랑과 행복
그리고 건강도 지워진다

너와 나의 인연도 잘려져 버린다
인생 그 맛과 값은 웃음이다.

세월 반듯하게

너절하고 진창한 마음의 뻘
각성으로 깨끗이 씻어내고
따뜻한 햇볕을 쪼인다

가슴속 창발성을 일깨우고
문학이란 길을 찾아 나섰다

하루 한 편 시에 매달려 보니
정신 반발하고 화닥거린다

그 향배 서로 밀고 당기다
시향과 당초문 손을 잡는다

늦었지만 내년엔
시집을 곱게 내어볼까
시간에 칸을 짓는다.

JS에게

조금 전에 온 종일 웃는 웃음꽃을
카톡으로 배달했습니다
마음 어두울 그때마다
아낌없이 보고 웃고 즐기세요

마음에 부담은 조금도 갖지 마세요
꼭 갚고 싶으시다면
당신의 그 초승달 같은 미소를 보내주세요
꼭 보고 취하고 싶습니다

방금 S우체국으로
카드와 사랑을 한 다발 보냈습니다
나를 보고 싶으시면 찾아서 쓰세요
모자라면 마이너스 부호 —만
보내주세요

조금 전 축복의 당좌수표를 한 장
영상으로 보냈습니다
소망을 이루시려면 얼마든지 적어 쓰세요

내일은 믿음을 함지박에 담아 보내겠습니다
나를 믿어주시고 헛것이 유혹할 때마다
가슴에 품어주세요

모래쯤 미래 희망을 한아름 안고
당신을 찾아가 만나고 싶습니다.

삶, 생각이 지배한다

마음 늘 어둡게 살아가면
생시나 몽매간이나
햇빛이 등을 돌려 버린다

불행의 아픔이 몸에 배고
고통이 전신을 짓누른다

생각은 항상 긍정적으로
말은 자신감에 차야 한다

빗나간 어용에는 조탁彫琢의 시로
명중을 시키고 지워야 한다

그 가슴 일직선으로 다듬어
흉사를 지우고 길사를 잡아야
웃음이 한평생 피어난다.

째깍째깍 그 의미

마음의 눈을 잠깐 붙이고 뜨니
아침이다

시간이
무엇을 재촉하고 있는 것 같다

밝아오는 새벽을 매일 보면서도
그 의미 독해가 되지 않는다

나는 시간의 뜻을 깊이 읽고
잘 잡아가는 적통이 아닌가 보다

초침 째깍째깍 그 칸칸에
삶의 가치 원가에서 순이익으로
환치시켜야 하는데 체크 없이
그냥그냥 흘려보내 버리면
오늘은 썩고 내일은 구린내가 난다

시간이 왜 만인에게 촘촘하게

째깍째깍 간격 맞춰 가고 또 가는지
그 뜻을 자세히 물어보고

시간의 부흥상을 꼭 찾아야겠다.

명부 잘 지켜야

인찰지 같은 녹봉으로
기죽어 허리띠 졸라매고
까칠한 백사지 위에 살아도

마분지 같은 돈다발을 모아
참호 속에 가득 채우고
번쩍거리는 아방궁에 살아도

남을 위해 성긋 웃어주지
못하는 삶은
하늘 명부에서
그 이름 지워버린다고 하더라

안개 국경선에 자욱하다

적군이 국경선을 무단침입
함박도 점령하고 그 강점기가
시작된 것이 2년이 되었단다

이 엄청난 사건 듣고 또 들어도
내 청각에 의심만 간다
함박눈 내리는 함박도에
북한군 군수 궤독과 집도 지어
주둔하고 있단다

우리 땅 경계선 육군이 사드로
지키나
해군의 물속 잠수함이 지키나
공군 비행기 하늘에서 지키나
나라의 책임 중 가장 큰 책임이
국민 생명과 국경을 지키는 것
책임자들 무엇을 했단 말인가

부참의 엄한 신세 물어야 한다

돈주머니 많이도 빼앗겼는데
국토는 한 뼘도 빼앗기면 안 된다
국방의 책임 엄중하게 물어라.

석양의 살림살이

자유민주의 삼 뿌리 줄기 가지
그 철학의 박보가
그렇게도 이해가 안 되는가

왜 허구한 날 상대방을
두드려 깔아뭉개고
잔꾀와 우격다짐으로
서로를 인정하지 않고
치고받고 싸우나

세비 챙기는 두께만큼
지혜의 채문 넓게 펴고
책임의 정신을 맑게 닦아

멀리 보는 파발마에
나라 위한 비나리를
항상 함께 싣고 다녀라

상속

단란했던 살붙이 관계가
떡보따리 나누다 내 떡이 작아 보여
청설 감정으로 밀어 붙이고
속 불이 붙었다

그 사이는 부시와 부싯돌로
불꽃 튕길 틈이 벌어졌다

그 가문의 품위 수준은
문지방처럼 한참 낮게 보인다

상속이란 말 속상하다로
뒤집어야 하겠다

불만을 만족으로 덮어버리니
그 형제 미소를 머금고
마음 펴고 살더라.

모정

산촌마을 평화로웠다
한 폭의 화조도 수림도였다

마을 어귀 노송 꼭대기에
까치가 집을 짓고 알을 낳고
뜨거운 애정으로 품어
노랗게 꽃밭으로 부화시켰다

어미까치 새끼에게 줄 첫 먹이를
찾아나서는 그 순간에
포악한 구렁이 까치집 덮치고
신고식도 안 치른 병아리
모두 꿀꺽 삼켰다

먹이 물고 돌아온 어미까치
모정의 불꽃이 치솟았다

한나절 그 큰 능구렁이와
물고 차고 불 튀기며 싸우고

구렁이를 결국 쪼아 죽였다

까치, 그 모정의 돌기
강하고 무서웠다.

자유의 빗장

자유, 삶의 그 완전한 가치 찾아
자연 숙성시키기 참 어렵다

남색이 바라보면 자주색이 도망가고
자주색이 손짓하면
남색이 넘지 못할 선을 긋는다

두 색이 섞여 고운 색 보랏빛을 내야 하는데
터럭만큼도 가치 없는
핵이 끼어들어 핵분열을 일으킨다

하늘이 칭찬하고 생명이 원하는
사심 없는 화색각본을 새로 짜서
자유 그 선택권 밀어내지 말아야 한다.

기죽은 옆집

어제는 아버지 고함소리가 났었는데
오늘은 아들 기죽은 소리가 들린다
내일은 어머니 울먹이는 소리가 들리려나

삼 년 전 대학을 졸업하고 취직을 못해
온가족이 기가 죽었다
먼저 취직한 친구와 비교를 했나
높은 곳만 쳐다봤나
적성이 안 맞았나
행복과 복지 일자리가 많은 것인데
나라님들 복지타령 하지만 말고
새로운 일자리를 만들고 또 만들어

직장 없는 청년에게 희망을 주고
청년은 눈높이를 조금 낮춰서
내일의 꿈을 찾고 희망을 키워가자.

초목대화

풀잎아! 나뭇잎아!
지난겨울 칼바람 매운 추위를 어떻게 보냈느냐
내 추운 것만 감싸고 너희들을 잊었는데
새싹으로 움트는 너희들이 내 마음을 깨우는구나
촘촘히 생각하니 너희들 기운이 새삼 대단하구나
우리 할아버지 할머니도 너희들 기운으로
이어졌다는 것
내 손자손녀에게로 이어간다는 걸
이제사 알았구나
미처 다독이지 못한 지난 봄, 여름
그래도 너희들을 쳐다보는 내 마음엔
감사의 눈동자로 초롱초롱 빛났다는 걸
기억해 주렴
단풍잎 가지고 천국으로 떠난 그 마음으로
다가올 봄엔
더 곱게 푸르게
우리 마음 맞잡고
지구를 깨끗하게 만들자!
싱그럽게 만들자!

신단수 기우제

단기4347년 갑오 풍년 기우제에
환인 할아버지 하늘의 천기 손수 들고 오시고
환웅 할아버지 기름진 풍년 비 천지에 담으시고
단군할아버지 떡과 술 홍동백서 신단수에 차리시고
조선의 후손에게 두 손 모아 풍년을 기원

봄에는 보슬보슬 새싹비
여름에는 주룩주룩 거름비
가을에는 멈칫멈칫 영글비

들판에는 벼이삭 황금물결
과수원에는 사과 배 주렁주렁
깡말랐던 우리 마음 행복이 주렁주렁
고조님 용안에는 환한 미소가 주렁주렁.

해바라기

나면서 일편단심 해님만 사랑한다

곁눈질해 보는 것 큰 재미있을 터

하늘의 엄한 계명에 꽂혀 있다 시선이.

사랑, 갤러리에

사랑은
세상살이 중 가장 큰일
사랑하는 동안은 즐거움이 되고
하고 난 후는 기쁨이 된다

그 기쁨
명예퇴직처럼 영광스러워
불후의 명작 삼아
갤러리에 전시도 하고 싶다

세상 어떤 싸움도 멈추되
사랑싸움은 자주자주 해야만
피안의 언덕까지 헤엄쳐 가느니

흘러넘치지 않게
호리병 속에 부어
마개로 꼭꼭 막아야 하느니

동그란 가슴에

시퍼렇게 멍이 들면
차진 고약도 발라주고
뜨거운 입김 불어도 줘야 하느니.

그 오솔길

시는 가슴에 다가와 그 맛이
변곡처럼 새 맛이어야
입맛 다시며 먹고 싶어진다
똑같은 상차림은
입안이 깔끄럽다

저 멀리 바라보는
문학의 봉당들이
해 오르고 달 뜨고
해 넘어가고 달 지는
배움의 양지녘에서

나와 문우들의 시 한 집을
꼬고 펴고 되감고
생면부지 첫길을 찾아내어
좌초롱 등불을 들고

기품 있는 인생의 오솔길을
가지런히 비춰가는 길

정신에 백년대계를 입히다

빌딩은 생각을 깊이 더 깊이 하고
지반조사 설계 자재 선택 착공 완공을
해야 역사성을 살린다

아무 생각 없이 급조로 지은 집은
색상이 흐려지고 흔들리다 무너진다

나라의 교육정책도 빌딩을 세우듯이
초등 중등 고등 대학의 교과서를
역사적 근거를 찾아 먼 미래를 보고 만들고
교육이념 단단히 세워야 한다

조령모개로 권력의 변화에 교육이
따라가면 그 수혜자는 길가에 집 짓는 것처럼
혼란이 오고 큰 손해를 본다

손대중으로 행방이 묘연한 재료로
암기 위한 교과서를 만들어 사용하면
미래 무너지고 삶은 헛구역질을 한다

교육은 다양한 의견을 묻고 토론으로
결론을 뽑아내는 방법을 찾아가야
창조와 응용의 해결능력이 살아난다.

제2부

어머니

푸르고 맑은 저녁
동대산 산마루에 뜬 달빛입니다

밤하늘의 반짝이는 별빛이고
추억 길을 안내하는 반딧불입니다

일찍이 하늘나라로 가셨지만
내 영혼을 등불로 한 순간도 못 잊어
살피고 계십니다

세상을 떠나시기 전 어린 나를
얼마나 걱정되고 마음 아프셨기에
누나와 형에게 저 어린 것 잘 부탁한다
유언으로 남기셨겠습니까

오늘까지 살아오면서 무수히 많은
위기 때마다
당신은 나를 붙들어 주셨습니다

한번은 바닥이 안 보이는 높은 곳에서 떨어져
일주일 간 숨만 간신히 붙어 있었습니다
사람들은 다들 죽었다고 생각했습니다
그대로 다친 곳 하나 없이 살아났습니다

나는 알고 있습니다
어머니 당신의 보살핌이라는 것을

마지막 귓속말로 하셨던
"형제들과 이웃과 다투고 살지 마라"는 말씀
오늘도 가슴에 새깁니다
어머니!
기도 중에 영혼은 자주 뵙는데
생전의 그 모습 한번만 더 뵙고 싶습니다.

만족 내가 그린다

삶, 초망도 순백도 가난도 부자도
지식도 바라보는 내 정신이 키워 간다
나를 안고 가는 환경은 채찍으로
오늘도 내일도 바로 가라고 닦달을 한다

나는 하늘이 푸르면 대마 위에 앉고
북풍이 세차게 불어오면
과하마를 타고 키를 낮춘다
변화에 어긋나게 가면 세월은 등을
야멸차게 돌려 버린다

십오야 두둥실 밝은 그 달밤엔
호수에 빠진 달 가슴에 담는다

삶은 내 생각이 명암의 그림을 그리고
오늘 그대로 닮아져 버렸더라.

놓아버린 줄

정신줄이 약해졌는지 혜안이
시도 때도 없이 가물거린다
한방병원에서 신경줄을 놓았다
당겼다 정신의 검사를 받았다

세파에 그냥그냥 실려 정신줄을
놓아버린 것이 원인이고 병명은
'가늘어진 정신줄'이었다
약방문을 들고 한약을 지었다
부피가 한 보따리였다

자배기에 약을 넣고 불을 지피며
아픔이 왜 왔는지 생각을 해 봤다
세파에 주관 없이 따라만 간 것이
습성으로 굳어져 생긴 병이었다

시간 맞춰 약을 먹으며
가슴 칸칸 세워진 마음의 주랑을
청풍으로 열불을 식혀 가지런히
줄을 다시 세웠다.

자연, 얕잡아 보지 마라

주머니가 두툼하고 삶이 편하다고
한때 공장으로 도시로 너도 나도
빠져나가 농촌이 텅텅 비었다

오늘 정신을 차려서 액침으로
미래로 가는 길 골고루 찔러 보니

이제 삶의 벼리 총부 하부도
의식주 걱정 없는 시골에서
산소酸素를 안아야 인생 맛을 당긴다

새로운 삶의 신기록 경운기로 세우고
자연 속 푸성귀와 함께 미소를 짓는다

인생은 자연과 손을 잡아야 제 맛이다.

어해도 가는 길

다독거리지 않은 사랑이었다

어느새 세파에 흔들리고
권태기의 무게로 절뚝거린다

굳어진 무관심 덩어리 박피하고
그 속을 노크해 본다

애교의 고깔을 고쳐 쓴다

애정의 순간을 물 따라 파도 따라
출렁이는 어해도語海道에 싣는다.

칭찬

칭찬은 말의 보석이다
칭찬은 영양가가 가장 높고 먹으면 기쁨과 건강이,
하는 일에 생기가 솟는다
아마도 비타민 A,B,C,D,E,F가 듬뿍 들어 있고
그중에 제일 진한 건 F즉 FIGHTING 그 맛이다
단점을 찾고 야단치면 생기와 미래를 꺾어버린다
고래를 대하는 조련사의 잘한다는 칭찬의 눈빛과
손짓이 그 무거운 고래덩치를 하늘로 치솟고
기막힌 재주를 부리게 한다
세상에 유명한 사람은 모두 다 칭찬을
많이 먹고 자기 앞을 다듬었다
학생도 선생님도 교수님도 회사 사장님도
성직자님도 거절 없이 좋아하는 것이 칭찬이다
내 친구 중에 노래를 안 부르는 친구가 있다
이유는 음악 선생님의 한 마디 말씀이 완전히
기를 꺾어버렸다

중2때 가을 소풍을 가서 펼쳐진 들판을 바라보면서
가을이라 가을바람 노래를 제딴에는 잘한다고 크
게 불렀다
노래가 끝나자마자 선생님 말씀이 박자도 틀리고
음정도 높낮이가 없다
이런 와장창 자신감이 무너지는 말을 들었다
선생님 그 말씀에 죽고 싶은 수모를 느꼈다
그 후부터는 노래는 절대 안 불렀다
그 노래뿐만이 아니다
학교를 마치고도 그 열등감이 항상 마음에 테를
두르고 있으며 매사가 조용하고 순탄치가 않았다
칭찬 남녀노소만 좋아할까
아니다 종교마다 그 기도문 읽어보니 하느님도 부
처님도 칭찬을 가장 좋아하시고 온통 칭찬뿐이더라
지존하신 분 베푸소서 구원하소서 살피소서
찬미 찬송합니다 극찬이더라
칭찬이 세상에서 가장 값진 사랑을 베푸는 것이라
의심 없이 믿어진다 칭찬하고 살자.

대칭, 비대칭

시대 못 따라가는 윗사람
회사에서 외통수 시훈으로
아랫사람을 다스렸다

미래와 통섭이 단절되어
생각하는 무명의 후배에게
직위와 능력을 추월당했다

사무공간의 책상 배치와
식사하는 공양간에서도
대칭도 아닌 비대칭으로
앉게 되어 체면을 구겼다

시대 뚫어지게 쳐다보고
변화 읽어야 자리를 지킨다.

내일의 사랑 잘 다듬다

초례 후 방친영의 그 삼일은
미래 행복의 깊은 맛 조각하는
시간이다

두 가슴이 읽는 그 사랑 비문은
끝없는 순애보 타령이 되어
화목의 곤두질을 막아 버린다

세상 내일 노아의 홍수 그 다음
불의 심판 겁화가 일어나도
애정이 포장된 그 고운 가정은

하느님 내린 축복 속에 타지 않고
안전하리라.

가을 들판

어렵사리 뒷산기슭 개간을 하고
씨 뿌릴 시기가 촉박하여 겉보리
쌀보리 섞인 씨앗 그냥 뿌려버렸다
씨를 뿌리고 나니 걱정이 태산 같다

쌀보리 겉보리가 섞여 뿌려졌으니
추수할 때 겉보리는 껍질이 있고
쌀보리는 껍질이 없는 알갱이니
타작을 하기도 방아를 찧기도
보통일이 아니었다

늦가을이라 아치형 밭을 평지로
고르는 미련을 두고 생각할 겨를도 없이
밭고랑에다 그대로 뿌린 것이다

가을 문학 현장 취재 나온 조고자의
원고 마감시간처럼 가을의 농촌은
쉼 없이 바쁘다.

내 책임 그 몫

하늘은 일하지 않으면 먹지도
말라고 했다

내 스스로 열심히 노력하지 않고
건강 재산 지위 즐거움 우정 학력
여섯 육통력을 폭백으로 나라와
남에게 책임을 지워선 안 된다

사회는 나눌 분배물이 모자라면
갈등의 회오리바람이 불어온다

높은 산 깎아서 평지 만들자고 외친
공산주의 추종자들 잠깐만 즐겁고
최판관의 마지막 판결은 가난의
종신형을 때린다

영원히 웃고 베풀고 사는 길은
모든 것을 시장 마음에 맡기는
아담스미스의 열린 시장경제이다.

지혜의 차원

세상변화 제대로 살피지 못하고
이차원 수준의 우물 안 개구리
끼리끼리 어울린다

생각의 폭 좁아지고 자기 고집이
직선으로 굳어지고
매사를 담합으로 처리한다

그래도 그 처세가 자랑스런
자기 특기란 사고에 꽉 잡히고
그 만남과 미래 현실 문제 해법에는
서자 취급을 받는다

삼차원 사차원 수준 높은 사람들과
미래 길목 휴게소에서 지적 수준
입체적으로 더 높여야 하겠다.

나의 값은 얼마

값에는 수없이 많은 값이 있다

그 중에 나에게 항상 따지고 대드는 값이
밥값 이름값 나이값 자리값이다

윗사람이나 친구가 나무랄 때
주로 밥 이름 나이
자리값 좀 하라고 한다

열심히 책임을 다하지 않는다
싶으면 밥값 좀 하라 하고 기를 죽인다

불혹의 마흔이 되었는데도
가벼운 처신을 하면
나이값 좀 하라고 한다

높은 직에 있는 사람이
처신이 격에 낮게 보이면
자리값 좀 하라고 한다

호적에 오르지 않는 내 나이값은
과연 얼마나 될까

생각만 해도 등줄기가 오싹하다
내 값은 세월이 먹여주는 것은 아니고
내가 챙겨먹는 것

오늘부터 내 값을 조금씩
키워 은행에 삼 년짜리
적금을 정성껏 넣었다가
삼 년 후 제대로 하는 값이 얼마나
될지 찾아봐야겠다.

목표 그리고 책임

공직이든 비공직이든 취직을 한 것은
시험을 거쳐 능력을 평가받았다
그 가는 길의 정도는 지혜와 정직 성실이다
그러나 모두가 과욕으로
자기 수준을 뛰어넘는 초능력에 매달린다

시대 어떻게 바뀌 가야 옳은 변화인지
분간해내기 정말 어렵다

시대 탓으로 인륜은 이제 고리타분한
옛말이 되어 버린 지 오래이다
효자 불효자란 말도 사라져 버렸다

그 정도는 잊어버리고 오직 벼슬이란
그 자리만 인생의 성공으로 바라본다

빗나간 행각 마지막은 침몰뿐이다.

인품

나는 생각한다 고로 존재한다
그 퍼즐게임은 풀기 어려웠다

겉옷 속 갖옷 재질을 알아내고

포악한 악어 심 순치 시켜내고

사람 가슴속 양심의 단종선을
평행선 밧줄로 굵게 꼬아내고

파도괘처럼 출렁이는 심성의
온도 포근하고 조용히 낮추니

모난 사고가 둥근 사고가 되고
강강수월래처럼 잘 돌아간다.

금빛 물결

황금덩이 곱게 녹여 물들인
금물결 들녘을 바라보니
탄식이 터져 나온다

황금어장에는
금붕어가 호색의 짝을 찾아
아가미가 벌렁거린다

지난해는 쭉정이 잿빛 들판
비바람에게 꾸지람을 치고
가슴 두드리고 두드렸는데

이 가을 일렁이는 풍년은
황금빛으로 내 마음도
밝게 물들인다.

곱게 물들여지다

여춘화 그 화려함에
스스로 취해

자신의 붉은 분홍색
제대로 응시하지 못하고

고개 들고 거드름을 피우다
등영처럼 사라진다

춘객은 양귀비꽃을
화무십일홍이라 판정지었다

인생은 춘하추동
인무백년홍

마음에 진한 거름 주고
맑은 물로 촉촉이 뿌려

단풍 들 때
더 곱게 물들여져야.

요요사랑

초련은 아무것도 없는 빈자리
사랑은 자라면서
가슴도 함께 자란다

너나들이 사랑에
웃음 또한 깊어만 간다

어제는 가살맞고
오늘은 방아다리
내일은 허수아비가
될지도 모른다

글피는 최루탄 맞은 듯
눈물이 눈가를 맴돌고
사랑은 요요처럼 흔들렸다가
첫 가슴 떨린 자리로 되돌아온다

굽이굽이 돌고 돌다
끝내는 초연으로 돌아오는

가장 사랑다운 그 사랑
요요사랑이여.

금보다 더 값진 것

진향 그 이름이 가슴 울린다
길상사 용마루 위 저 하늘에 보인다

대원각을 경영하며 겪은 그 고난
맨홀뚜껑 훌쩍 열고 뛰어 들어가
세상사 하직할까 생각 또 생각
부지기수다

쌓이고 쌓인 외상값 받지 못하여
풍등 같은 위기는 어찌 다 말하랴

그때마다 마음의 로터리를 돌고 돌면서
추스르고 또 추스렸다

그 바탕엔 문학 속의 책거리가
저 바위처럼 길을 깔았다

문학의 참가치를 깨달은 그날
천억의 재산도 백석의 시 한 줄보다

하잘 것 없다 하였으니

문학은 저 하늘 샛별 되어
어제도 오늘도 너와 나 우리의 가슴에
푸른 빛을 비추고 있다.

떠내려가다, 풍년

겨리로 갈아 심은 벼농사
진한 황금빛 들판이었다
차진 햅쌀밥을 조급히 생각하고
입맛 다시며 벼를 베어
논두렁에 일렬로 발가리치고
뒤주와 가마니도 준비를 마쳤다

그날은 추석날
전날부터 들이부은 장대비는
그칠 줄을 몰랐다

바람은 지붕을 모두 벗겼고
가지에 늘어지게 잘 익은 배는
흔들리다
울타리 밖으로 떨어졌다

부엌에는 물이 차
장작은 말려도 말려도
희나리가 되려고

애꿎은 물만 들이삼켰다

들판에 살던 친구는
지붕 위에서
사람 살려 사람 살려 고함치다
물속으로 사라졌다
가슴 찢기는 아픔에
수면은 핏물로 회오리쳤다

사라호 태풍이 휩쓸고 간
집과 논밭들
가난의 부메랑 되어
십 년 넘게 손 시리고 배고픈
풍년거지로 살았다.

붓 대롱에 양심을 담아라

길섶에도 아파트 옥상에도 내년 봄
확성기 소리 요란하게 다가온다

내가 제일 똑똑하고 일을 잘했고
잘할 수 있고 양심적으로 살아 왔다
국방은 튼실하고 좋은 희망 일자리
많이 만들고 세계와 만남의 우정은
두텁고 나라 죽이는 국정농단은
하지 않겠다고 외치고 또 외친다

정의의 잣대와 양심의 저울에
나를 먼저 올려 지난날을 살펴보자
과연 깊이 생각하고 표를 찍었는가
살그레 살피고 좌천 우천을 결정하자
이번 투표에 나라와 국민의 운명이
결정된다

뽑은 다음 속 끓이지 말고 바른 선량
배 곪기지 않고 마음 편하게 하고

미래 희망을 가꾸어내는 후보에게
꼭 찍어 내 운명은 내가 만들어간다.

제3부

우정

가을녘 내 친구에게
치매가 소리 없이 찾아왔다

그 삶은 붕괴로
그늘 덮인 괴짜가 되었다

생각은 흔들리고
척동에도 못 미친다

명예에 오라기 하나도
못 걸친다

그 인격은 아무 감각 없이
했던 말 또 한다

그 이름 텅 빈 공명장에
올린다

참 밝고 착한 초등 친구였는데

가슴이 무너진다

친구야
그 예방은 혼을 맑게 하는
글 읽기와 글쓰기이다

친구들과 함께 못 다한 삶
천국에서 책을 펴고 웃음을 찾아
환하게 살아다오.

문학 마실

시, 수필 장복하는 문수마실
품위 있고 향기로웠다

꼬임수 거친 홍정으로
상욕하고 다투는 짓거리
볼 수 없는 맑은 지대였다

가는 곳마다 가슴 가슴에
싱싱한 온기가 가득하다

그 단맛 천리향이 되어
마음 여유로운 그 문심에
오래오래 취하고 또 취한다.

추억 속의 그 사랑

초련 그 순간은 국화문이다
잡티 없이 순수하고 깨끗하다
두 가슴이 접착제로 붙어버렸다
앉아도 서도 누워도 꿈속에서도
오직 그 한 사랑만 보인다

아프고 슬픈 고뇌도 끼어들어갈
틈이 없다
참 행복이란 첫 시작 그 순애보
그냥그냥 기한 없이 가는 것이다

그러나 세월이 이착륙 타고 가면
그 연정 흔들리고 얕아져 버린다

순수했던 추억 속의 그 사랑
마음의 거울 속에 오늘도 내일도
다시 한 번 비춰보고
애정의 침 콕 찔리며 가보고 싶다.

은유로 깊게 익히면

시선과 마음 가는 두레상 위에
풍성하게 차려진 청잣빛 시집

맑은 가슴으로 푹 익히면
그 속은 은유 빛 백자 색

식권 한 장 안 가져도
마음으로 풍성하게 맛을 본다

시심은 풍동을 일으키고
뙤약볕같이 뜨거워져
곧바로 카드를 긁어 버린다

설익어 미각이 역류로 흐르면
외로운 비매품 명패를 감춘다.

숨 쉰다는 것

살아있고
살아간다는 것은
어쩌면 붙잡힌 파란만장
그 자체이다

조석으로 풀 수 없는 그 암호
생트집의 부스럼이 되어
가슴 깊이 흠집을 낸다

잠시라도 마음과 정신에
정화필터 작동이 멈추면
그 처신은 혼란스런 암흑가

내 인생의 정갈함
저멀리 가물가물 사라져
버린다.

복, 마음보 맑게

최 부잣집 맥곡 풍년이 들어
뒤주가 크고 둥그렇다

간작으로 씨 뿌린 가랑파도
해마다 싱싱하다

최 부자 백 리 안 가난한 이웃을
아낌없이 살피고 베풀었다

이 따뜻한 낭보에
온 동네 가슴 따뜻이 데워졌다

뒷동네 초가집 까칠이
혼자만 심술보가 터지고
배가 아팠다

풍년
남을 먼저 살펴야
하늘이 더 많은 복을 내린다.

가문에 꽃이 활짝 핀다

아침 창 두드리는 새소리에
나팔꽃처럼 귀도 활짝 웃는다

옹알옹알 까르르 손주의 이쁜
그 웃음에
침묵뿐인 할아버지 흥이 돋아
환하게 손자 따라 춤을 춘다

주름진 할배 주름살도 잊어버리고
부챗살처럼 웃는다

옹알옹알 별빛 같은 사랑을 전하는
천사의 그 노래 소리 이쁘기도 하다

포대기에 싸여 필랑 말랑 몽아리
어디에서 누가 보낸 선물일까

그 꽃 중의 꽃
감격에 숨이 바싹 마르고

할배의 꿀 같은 하루는 쏜살같이
날아간다

섬광처럼 빛나는 웃음꽃
온 집안에 흐드러지게 피어난다

지루했던 여삼추 그 노년의 하루
토막 난 분침처럼 짧기만 하다.

책임

혹 역사가 한순간 정체되어도
큰 벼슬 작은 벼슬
안일에 빠져선 안 된다

은근슬쩍 첨봉에 앉았더라도
그 자리의 불의와 무지는
비사리 알사리 구분을 해야 한다

은행 깊숙이 맡긴 예금도
찾아서 써버려선 안 된다

정의와 양심의 속성으로
만백성의 심기를 편케 해야 한다

경계는 적의 속임수보다
한 수 더 멀리 넘겨 봐야 한다

경제 오늘도 내일도 한가득
청춘들 튼실하게 내일을 키워내야 한다.

마음이 사는 아파트

생각은 책의 집에 살아야 똑똑하다
어떤 집에서 사는지 풍기는 향기가 다르다

가슴을 따뜻하게 하는 독서를 하면
마음에 온기가 나고 치고받는 집에 드나들면
까칠하게 싸움을 잘 한다

그 집이 담아주는 분위기가 어떤가에 따라서
마음을 찾아가는 분위기도 달라진다

독서를 통해 지식이 쌓여가는 마음은
얼굴에 교양이 느껴지고 책을 멀리하는
얼굴은 천박해 보인다

아프거나 짧은 생각을 넓고 건강하게 바꾸는 약은
책의 집에 마음이 자주 산책하는 것이다

책이 없었다면 인간은
저질에 머물러 있었을 것이다

발명품 중에 가장 보석 같은 발명품은
책의 발명이다

습관 중에 책 읽는 습관이
가장 생각과 지혜와 마음을
살찌우는 집에 드나드는 것이다.

서약

백년사랑 굳게 믿고
호담 장담 서약을 맺었다

몇 년은 애정의 땔감을
어디에서 누가 보냈는지
내 사랑 화끈하게 타올랐다

가슴속 냉기가 돌아
마음에 손을 얹어 보니
사랑 불 지피는 기름이 말랐더라

행복은 창호지를 입고
앉으나 서나 누우나
이리저리 시선을 피하고
어깃장을 놓는다

사랑과 행복 땔감 그 어디서
누가 어떻게 마련할까.

화

화내면 무조건 다 진다
삼사일언三思一言이란 명언 중의 명언이다

생각을 하고 또 하고 한 번 더 하고
말을 살펴 하라는 뜻이다

참을인忍 자를 가슴에다 심고 살아가는
사람은 성공 확률이 높다고 한다

생각 없이 덜컥 화부터 내는 것은
남에게 지고 들어가는 것이고
이를 두고
좁쌀 같은 사람이라고 잘게 본다

화는 박상처럼 튀겨져 자신에게 되돌아온다
상대가 받아 가면 해가 없지만
그냥 웃어넘기거나 도로 받아치면
그 화는 고스란히 내게 다시 돌아온다

공자는 노여움을 남에게 옮기지 않고
같은 잘못을 저지르지 않는다라고 했다

이 귀중한 인내심은 선택의 여지없이
가슴에 가득 담아야 한다

화를 잘 내는 사람은 온 몸에 콤플렉스를
가득 지고 있다고 한다
인연은 화가 감당 못할 일을 저지르고 단절된다
체면을 구기더라도 진정한 자존감은 지켜야 한다
화는 작은 좁쌀이 구르는 것이다.

필요충족요건

책임자는 자기조직의 법과 미래
머릿속에 뚜렷하게 설정하고
구성원과 고객의 깨끗한 화합의 목표
그 두꺼운 벽을 관통시켜야 한다

반치기 딱부리 역적을 구분 못하고
귀를 즐겁게 아부하고 속 감춘 선물에
설완으로 젖어 바른길을 잃어버리면
명예도 앉은자리도 바닥이 되어 밟혀 버린다

구성원의 머리에 기획 계획 시행 평가
피드백의 경영 틀을 깊이깊이 새기고
매년 하는 사업도 타성에 젖어 가볍게
생각하면 큰 낭패를 당한다

사업 추진하기 전에 두괄의 틀에 넣고 걸러
그 결과 미리미리 꼼꼼하게 점검하는
안전장치를 가동하는 미래예측력이
사업성공의 필요충족요건이다.

미루어 생각해 본다

가진 것 많은 부자 무엇해
인향의 밀선이 막혀 있다

옳은 가치가 흐르지 못하고
만족 못 느끼고 살아 갔었다

이웃의 기도문 읽는 소리
추단하면 가까이 들린다

피한지가 바로 거기였다.

길, 시 속에

송풍향 책갈피를
사르르 넘겨가니

오롯이 그 속에서
백련이 피어난다

지성이 배인 그 향기
인품 위에 비친다

문향이 필 때마다
정신엔 전율 일고

학춤이 너울너울
지성이 깊이 핀다

뜻 품은 그 활자들이
푸른 혼을 키운다

시 향기 높낮이가

가슴속 번져 가니

인걸이 가야 할 길
뚜렷이 일어나서

멈추면 구중 생형극
그 가시가 입안에 돋는다.

영원한 숙제

아담과 이브, 에덴동산에서 행복한 삶 누리다
단 한 가지 절제를 못해 선악과인 사과를 따 먹어
유토피아에서 지상으로 쫓겨나 땀 흘려 논밭 갈아

아담 스미스, 만드는 것 파는 것 자유롭게
시장기능과 양심에 맡겨 분배 잘할 것으로 생각
남보다 많이 노력 더 가지는 것 잘한다
박수를 쳤다
독점생산 매점매석
그 해법 보이지 않는 손에 맡겨
혼자 많이 가지는 것 스스로 나누길 기대
생산을 늘리고 늘려 해법을 찾았으나
잘사는 사람 너무 부자
못사는 사람 너무 가난해

칼 마르크스 높은 산 깎아서 계곡을 메우고
너도 일하고 나도 일하고 똑같이 생산
너도 하나 나도 하나 똑같이 나눠
일해도 한 몫 안 해도 한 몫 유토피아 흉내

나눌 게 모자라고 배급 줄 끝이 안 보여

케인즈가 바꾸고 고쳐 수정경제로
생산을 늘리고 부자의 노블레스 오블리주에 호소

가진 자들이 세금 많이 내는 해법을 제시
화폐로 생산 수요 분배를 자율 반 타율 반으로
화폐경제 부자가 돈뭉치 차곡차곡 금고에 쌓아
소외된 사람 고함 소리 세상이 시끄러워

세 사람 한자리에서 끝장토론 하면
행복경제 나오려나
금고에 쌓아놓은 돈뭉치 금쪽같이 쓰이려나
좋은 일자리 많이 만들고 따뜻한 마음으로
열심히 일하고 나눔의 실천만이
오직 그 해법이리라.

희망을 주는 섬 그래도

아름답고 그리운 섬 그래도
내게 희망을 주는 섬
절망의 언덕에서 내려주는 섬
내 눈을 바로 뜨게 하는 섬
어제를 미소 짓게 하는 섬
행복이 무엇인지 알게 하는 섬 그래도

내 마음의 고통을 참게 하는 섬
내가 의지할 수 있는 단단한 바위섬
곱게 사랑하고 포옹하게 하는 섬
누구나 부르면 단숨에 다가오는 섬
나를 먼저 용서하게 하는 섬 그래도

나의 불행을 행복으로 바꿔주는 섬
내 가족을 아끼고 사랑하라는
메시지를 보내 주는 섬
지치고 힘들 때 포근히 안겨 쉬게 하는 섬
내게 정신을 바짝 차리게 하는 섬
지혜를 찾아주고 멋진 길을 안내하는 섬

나는 행복하다
아름다운 희망의 섬 그래도에 살아서.

* 그래도는 상상의 섬이다. 동사의 어간 '그리하-'에 어미'-어도'가 붙어서 준말을 고유 명사화하였다. 현재보다 더 좋은 것을 바랄 때 절망이 다가왔을 때 우리는 '그래도'를 접점으로 해법과 희망을 찾는다. 오늘 화가 나지만 '그래도' 내일을 위하여 웃어야 한다.

리듬이 내 마음에

첫사랑 프로포즈 내 가슴 뛈박질한다
내 마음 빠르고 경쾌하게 큐피드로 답한다

내 연인과 눈 맞추는 데이트 길은
시간을 꼭 잡고 싶다 멈춰 버리게

휴대폰 창을 열고 내 사랑 그 마음에 댓글을 단다
내 가슴 쿵덕쿵덕 울림 속도로

내 나이 생각하며 강변길 걸을 때는
시간을 돌리고 싶다 푸른 청춘에

인생은 바람처럼 쏜살같이 벌써 저만치
따라가며 붙잡아도 모른 체하고
대답 없이 뿌리치며 저 혼자 간다.

쉴 수 없는 밧줄

참 애정은
굴레도
무섬도
목도질도 못 본 듯이 참아내고

그 질긴 이음매
더워도 추워도 휴가마저도 없어야.

웃음으로

미소 짓고 귀엣말 하는 것보다
큰 소리로 남을 칭찬했더니
그 말이 관성이 되고
따뜻한 후은이 되어

감동 먹은 사랑으로
웃으며 내게 돌아오고
온천지 마음 흔들며
넓게 펴져 나간다

사랑이 무엇인지 배운 적이 없는데
만인에게 수지니처럼 가르쳐
미소와 칭찬으로 베풀면

가슴 떨리는 한평생이 되고
인정 넘치는 천지가 되어
저승에서 다시 태어나리니

축하의 마음 박수

일 부지런하고 성실히 잘하여
만족한 성과로 특진을 하였다

옆에 있던 동료 남 포상을 보고
분개하여 심하게 욕지기를 하고
사정없이 팔꿈치로 벽을 쳤다

팔뼈가 금이 가고 심한 상처를
입었다
자기 자신만 아프고 남이 자신을
곱게 보던 귀티도 얼굴과 몸에서
사라졌다

남 잘되는 것 축하할 줄 알아야
마음도 몸도 상처를 입지 않는다.

제4부

황금빛 단풍으로

푸르고 싱그러웠던 그 들판
열기 뚝 떨어진 가을바람 타고
어제 얼룩거리다
오늘 황금빛 알곡으로 영글었다

울창했던 산천 그 왕성한 공간이
졸지에 점점홍으로 물들었다

하늘도 땅도 지나가는 발길도
그 삶의 갈무리를 쳐다보고
와우와우 소리 높여 찬사를 보낸다

내 삶도 황금 알곡으로 영글고
단풍빛으로 곱게 물들고 싶어라.

진미 그 미각

인간은 제 잘난 맛에 산다
남이 하는 그 맛은 싱겁고 짜고
쓴맛이라 별 맛을 못 찾는다

드러내놓고 입체적 선평을
깊이 받아 보진 않았으나
타향에 오래 살아오다
귀향을 해도
내 맛 남의 맛이 확연히 다르다
정반대의 맛을 느낄 때도 있다

서로 주고받는 칭찬의 그 맛은
맛 중의 맛이다
눈 맞춘 그 인연 융화로 가는 맛은
두가리 깔때기 모양은 중요하지 않다

칭찬의 고소한 맛을 한가득 담아서
주고받는 선물이 가장 깊은 맛이다
칭찬은 하느님도 춤을 추게 합니다.

맑은 그 추억

밀월 그 길이 너무 짧아 아쉽다
순애보 한순간 지나가 버리지만
그래도 그래도 오래 오래 보고 싶은
마음잡는 애정의 순간이다

마음의 갈등도 미움도 싸움도
그리움으로 저멀리 밀어내버리고
애정이 모든 것을 참고 이겨내는
선전 그 자체의 고운 순간이다

그 추억 궁창초속 반듯이 담아서
사랑에 끼어드는 너절한 허드레
영원의 벽으로 막아 버렸다

가슴 뛰었던 그 사랑의 흔적
오래오래 잘 간직해 가고 싶다.

열린 대화 속에

가훈을 대화만사성으로 정하고
휘호체로 적어 문설주에
반듯하게 걸었다

가족은 두레상에 둘러앉아
아침 점심 웃음꽃으로 볼가심을
하였다

저녁은 화목한 소통의 성찬으로
서로 구척 아닌 동그라미에 마음을
걸었다

가문 몰락 없는 사랑만 봄꽃으로
활짝 피어나더라.

호화롭고 거대한 궁전

그 어마어마한 아방궁
무슨 돈으로 지었을까

초대하고 합석한 백성에게
슬기롭게 도움을 청했을까

아니면 생채기로 겁을 주어
만백성 강압으로 정복하고
수탈하여 지었을까

먼 훗날 중국을 찾아가는
관광객 생각하고 지었을까

오늘 아방궁을 자랑스럽게
생각해야 하는지 궁금하다.

내 삶의 도감독

인생 그 삶의 차변 대변에는
건강도 재산도 인품도 명예도
인연도 오늘도 미래도 살아오고
살아가는 발길 그대로 뚜렷이
자욱이 새겨진다

내 인생 그 대차대조표는
이제 가까이 일방보로 펴놓고
촘촘히 살피고 살피는 일상사가
되어야 한다

대차 밸런스 마이너스로 기울어지면
어김없이 요종이 울린다

내 인생의 도감독인 내가 경종을
감지하지 못해 그대로 방치하면

삶은 기울어지고 변화를 따라가지도
앞서가지도 못한다.

겸손

생각 그 소통의 문이
좁기도 넓기도 하다

가슴이 문이 닫혀 있으면
남의 마음을 읽지 못하고
내 발등만 바라본다

소통의 외해와 내해에
사색의 배를 띄우고
노를 잡고 힘차게 저어가면

남의 속마음을 열어볼 수도
그물망에 붙잡을 수도 있다

그제사 닫힌 미완성의
볼품없는 까칠한 인품이

공손한 몸가짐으로
깊이 고개를 숙인다.

나는 누구인가

세상은 정갈하지 않다
그 속에 나는 누구인가

길 잃은 우치인가
멀리 보는 지낭이인가

호생엽처럼 어긋지게
둘 다 내 속에 포진한다

과거 현재 미래 살피고
내 위치 바로 찾아 간다

키 큰 권모가로 자라야
올라설 그 언덕이 보인다.

붓 대롱의 힘

나라의 미래 국민이 뽑은 일꾼이
평화를 결정 짓는다

유권자는 지혜의 눈 크게 뜨고
꿀 바른 후보 혀끝 조심해야 한다

종이 위 미사여구로 꾸민 거짓에
현혹도 되지 말고 후보의 살아온
그 흔적을 꼭딱시리 살펴야 한다

정신없이 순속의 풍류에 젖고
숨은 동그라미 양심에 태를 감고
계피문 돈은 비양심이 투표함에
고스란히 쌓인다

그 순간이 바로 역사와 희망이
잘려 날아가 버리고
나도 나라도 좌초하는 순간이다.

삶, 그 흔적

인생의 지평을 여는 현답은
가는 인연 오는 인연
강하게 포옹하는 그 송영심에

삶의 흔적 그 길상문은
상록수같이 곱게 바라보는
따뜻한 그 시선에.

꿈, 잘 살피다

오늘과 미래의 내 빛깔을 찾아
세상 변화의 정거장을 거치며
정탐의 길에 나섰다

인생 파종기 김매고 거름 주고
휴식으로 회포를 푼 삶에는
튼실하게 성장되고 풍년 들어
이웃에 상부상조하고 베푼다

삶, 황혼 물결이 달려와도
별신도 사탄도 얼씬 못하고
그 삶 행복 미소만 가득하다.

생각의 문 그 여닫이

격자무늬 십자수처럼
가지런한 생각도 마음도
여닫이를 제때 잘해야

시공문 항상 열어 놓으면
빗장 없는 토문이 된다

바람 탄 생각 그 문으로 들어와
정신의 길에 버짐을 피우고
인생, 끝내는 어지러운 쑥밭이.

선택된 후손 자존감을

하늘이 자식 낳아 번성하라고
이 땅에 단군성조를 배치했다

우리 모두 동성동본은 아니다
그러나 따지고 들면 척당이고
남이 아니다

선조의 뜻이 담긴 서간집을
읽고 선택의 뜻을 깊이 새기고

남처럼 서로 생색만 바라보는
자비노 처신은 하지 말아야.

허공에

가슴을 열어버린
화병 속 사슴뿔들

세상을 훔치는 법
모두가 다 다르고

꿈들이 얽히고설켜
나아가질 못한다

파고든 틈 사이로
살아온 부대낌이

언덕을 오르내려
땀으로 멍이 든다

뒤틀려 애타는 심사
바람으로 말린다.

생 몸살

해맑은 청정공기
날숨에 들숨 쉰다

하늘의 앞 바라지
인간이 치고받아

투명한 맑은 물 공기
생 몸살을 앓는다.

정의, 저울 위에 오르다

정의의 잣대는
수수께끼 같은 간격이
있어선 안 된다

포승줄로 사람을 묶을 때도
덜미 잡힐 마디가 있는지
손끝으로 만져보고

바늘귀 같은 빈틈이라도
뚫어보고
흘리지 말아야 한다

피아의 양심도 저울 위에
평평하게 올리고
그 누구도 눈물이 없도록
달아야 한다

정의로 가는 길은
남은 나와 다르게 생각하고

얼음 같은 심장을
가질 수도 있다고 인정하고

통섭으로 받아들여야
정의로 나아갈 수 있다.

추억 속의 파도

정자 앞바다 출렁이는 파도
오늘도 쉼 없이 일렁인다

내 흔적처럼 까칠했던 모래톱
오늘 맨발로 다시 밟아 보니
그 세월은 속달로 가버렸다

싱그럽게 젊었던 그 시절
와류 속에 녹화된 그 향수

노총각 파도 탔던 그 추억
되돌아가서 머물고 싶다.

자기 색에 빠져서

좌우의 시선에는
나는 백색 너는 흑색
그것밖에 색이 없다

가슴과 머리에
갈지之로 새겨진 색
백야흑야만 바라보인다

수심 같은 조바심을
머리 어깨 마음 전체로 넓혀
낡은 흑백 용광로에
고철로 녹여 잿빛이라도 내었으면.

깊게 가는 우정

도반이란 함께 도를 닦는 벗을 두고
하는 말이다

나는 도 닦음과 거리를 두어서 그런지
도반이란 시어로 시를 짓고 지어도
마치 소네트와 광상곡(카프리치오)
관계처럼 거리가 멀어지고 어렵다

해법 깊이 생각해 보니 잡다한 세상사
끼어 들이지 말고 하늘의 자비심만 바라보고
그 온기를 재탕삼탕 기도로 우려내어
마음 건강의 습성을 키워내는 것이었다

좋은 벗이란 무엇인고
우정의 그 인장력이
더 강하게 살아난다.

힘센 말 한 마디

진정한 지도자 그 한마디 말투에서
미상불 밝은 빛이 난다

사심은 감출 것도 드러낼 것도 없이
가슴은 항상 진실만을 품는다

남이 듣기 좋게 간질이는 오훈채 빛
그 속임수에는 지혜의 창과 방패로
미리 대응을 시킨다

말 한 마디로 채권자 마음을 녹이면
빚진 사람은 그 천냥 빚을 다 갚고
위대한 사람은 통치의 적자로
하늘과 만인의 칭송을 오래 받는다.

이영식의 시집 『인문의 나래-어해도 가는 길』 평설

삶의 향기를 주는 서정시 세계 구축

손수여(문학박사/ 시인, 문학평론가)

이영식 시인은 「수필시대」(2007)의 수필가로 등단한 후 「문예운동」(2018)의 시로 등단한 작가이다. 불과 두 해 만에 첫 시집을 낸다는 것은 그의 열정이 어느 정도인지를 짐작해 볼 수 있다. 오로지 시에 몰두하고 습작만이 그의 삶이 되는 치열한 작가 정신이 없으면 그냥 쓴다고 해서 모두 시가 되는 것은 아니기 때문이다. 이영식 시인은 일상에서 건져 올린 소재를 선택해서 몇 편을 제외하고는 비교적 평이하게 그려낸 것이 특징이기도 하다. 그래서 언뜻 보기에는 시의 감칠맛이 적은 듯 느껴져서 지나치기 십상이다. 찬찬히 읽어 내용을 음미해 보면 고개를 끄덕이게 한다. 말하자면 '시와 반시反詩' 형태의 경계선상에 있기라도 하듯, 이천 년대 들어서면서 문단에서 주목했던 시류詩類이기도 하다.

이번 이영식 시인의 첫 시집은 『인문의 나래-

어해도 가는 길』이다. 모든 학문에 있어서 근본은 '철학, 문학, 사학'에 있고 흔히 '문사철'이라 하는데 그 으뜸이 '문학'이기 때문이다. 인문학이 모든 학문의 근본이요, 기초가 되는 까닭이 여기에 있다. 나무를 지탱하는 뿌리요, 줄기인 셈이다.

이 시인은 시인의 말에서 "작품을 쓰게 하는 것은 내면 깊은 곳에서 벌어지는 삶의 과정이다. 정신문화가 바로 서야 인생이 튼실하다"고 했다. 그렇다. 필자가 민족시인으로 조명한 매헌 윤봉길의 "사람은 왜 사느냐. 이상을 이루기 위해 산다. 이상이란 무엇이냐. 목적의 성공자이다. 보라! 풀은 꽃이 되고 나무는 열매를 맺는다"(이태복 2019:76)고 하였듯이 같은 맥락이 아닌가. '나래'란 무엇인가? 동사 '날다'의 어간이자 어근인 '날'에 접미형 '애'가 붙어서 '날애, 나래'로 정착된 낱말인데 '날개'의 방언이다. '나래, 날개'는 위로나 앞으로 나아갈 방향성을 띠고 양쪽 대칭적 구조를 가진 명칭인데, 시인의 '희망적, 의지적' 사유를 암시한다. 시인은 이 세상에 발설하지 않았던 문장을, 보이지 않았던 풍경을 말하려 시를 쓴다. 현실이, 현실이 아닌, 오히려 꿈같은 현실이 현실에 펼쳐지고 있는 현실 내부의 깊숙한 의미들을 찾아보려 한다. 그 끝이 어떤 형식으로 나타날지는 아무도 모른다. 작가의 의도에 따라 공간과 사물들은 다양한 미디어를 통해 얼마든지 변형되고 조합되어 시공간의 확장을 통해 보이지 않는, 숨겨진 진실을 말할 수 있기 때문이다(손수여 2018: 106 ~107).

필자는 전체의 흐름을 파악하기 위하여 원고를 두세 차례 정독한 후 지면의 한정 관계로 각 부에 네댓 편씩 선정하여 이 시집의 특징과 시인의 작품 세계를 이해하는 데 주안점을 두었다. 작품의 선정이나 발문에 대한 해설은 직관과 자의적일 수밖에 없고 여기에 따른 오류는 전적으로 필자의 몫이다.

1. 삶과 시, 시를 통한 자아성찰

인생 그 삶의 차변 대변에는
건강도 재산도 인품도 명예도
인연도 오늘도 미래도 살아오고
살아가는 발길 그대로 뚜렷이
자욱이 새겨진다

내 인생 그 대차대조표는
이제 가까이 일방보로 펴놓고
촘촘히 살피고 살피는 일상사가
되어야 한다
대차 밸런스 마이너스로 기울어지면

어김없이 요종이 울린다

내 인생의 도감독인 내가 경종을
감지하지 못해 그대로 방치하면
삶은 기울어지고 변화를 따라가지도
앞서가지도 못한다.

-「내 삶의 도감독」 전문

문학이 사람이다. 그렇다면 어떤 사람이기를 바라는가? 사람은 서로 닮은 많은 공통점을 가지기도 하지만 서로 다른 차이점을 가진다. 바로 이 다른 점, 그 사람만이 지닌 독특한 면을 우리는 '개성'이라 한다. 우리가 바라는 것은 문학에서만은 개성이 뚜렷해야 한다. 이 다른 그 사람만이 지닌 개성을 문학에 어떻게 반영하고 표현하느냐가 관건이다(손수여 2018 : 107)

이런 점에서 착안해 보면, 위의 시 「내 삶의 도감독」은 이영식 시인만의 직업의식을 짚어 보는 독특한 시이기도 하다. 시어의 '자욱'은 '자국'의 울산지역 방언이다. '자국'은 어떤 물체에 다른 공간이 닿아서 생긴 자리인데, 여기서는 발자취이며, 곧 사람이 지나온 흔적, 이력이다. 시어 선택이 '차변, 대변, 대차대조표, 대차 밸런스, 마이너스, 도감독' 등은 경영의 전문성을 드러내어 자신을 반추하며, 촘촘하게 빈틈없이 살아온 그의 역정이 엿보인다.

마음의 눈을 잠깐 붙이고 뜨니
아침이다

시간이
무엇을 재촉하고 있는 것 같다

밝아오는 새벽을 매일 보면서도
그 의미 독해가 되지 않는다

나는 시간의 뜻을 깊이 읽고
잘 잡아가는 적통이 아닌가 보다

초침 째깍째깍 그 칸칸에
삶의 가치 원가에서 순이익으로
환치시켜야 하는데 체크 없이
그냥 그냥 흘려보내버리면
오늘은 썩고 내일은 구린내가 난다

시간이 왜 만인에게 촘촘하게
째깍째깍 간격 맞춰 가고 또 가는지
그 뜻을 자세히 물어보고

시간의 부흥상을 꼭 찾아야겠다.

– 「째각째각의 그 의미」 전문

위의 시는 시인의 삶과의 관계를 유추해볼 수 있는 작품이다. 경영학과 행정학을 접목시킨 금융업계의 관리자로서의 위상이 행간에 묻어난다.

"초침 째깍째깍 그 칸칸에/ 삶의 가치 원가에서 순이익으로/ 환치시켜야 하는데 체크 없이/ 그냥 그냥 흘려보내버리면/ 오늘은 썩고 내일은 구린내가 난다"고 했다. 이보다 더 사실적일 수 있을까? 앞의 시 「내 삶의 도감독」이 자아성찰에 초점을 둔 시이었다면 이 시는 경영진으로서의 역할에 무게를 둔 시로 느껴진다.

인생의 지평을 여는 현답은
가는 인연 오는 인연
강하게 포옹하는 그 송영심에

삶의 흔적 그 길상문은
상록수같이 곱게 바라보는
따뜻한 그 시선에.

-「삶, 그 흔적」 전문

오늘과 미래의 내 빛깔을 찾아
세상 변화의 정거장을 거치며
정탐의 길에 나섰다

인생 파종기 김매고 거름 주고
휴식으로 회포를 푼 삶에는

튼실하게 성장되고 풍년들어
이웃에 상부상조하고 베푼다

삶, 황혼 물결이 달려와도
별신도 사탄도 얼씬 못하고
그 삶 행복 미소만 가득하다.

-「꿈, 잘 살피다」 전문

앞의 시 두 편, 「삶, 그 흔적」과 「꿈, 잘 살피다」는 상호 보완적 관계의 시이다. 사람은 누구에게나 그의 삶을 돌아보면 자기만의 빛깔을 갖고 싶어 한다. 그 과정이 삶의 흔적이고 궤적이기 때문이다. 여기서 맺어진 인연에 감사하고 미래를 향한 소박한 '꿈'은 곧 이상이고 희망이며 꿈의 실현은 성공이다. 이웃을 챙기고 상부상조하는 튼실한 삶은 황혼에 접어들어도 사악함이 없이 "행복한 미소만 가득하다"고 시인은 확신하고 있다. 말하자면 위의 두 편의 시 '삶'과 '꿈'은 '현실'과 '이상'의 상징어이다. 현실과 이상의 조화는 진실로 자기 성찰을 통하여 이웃과 사회에 상부상조하는, 봉사하는 것이 행복의 귀결임을 역설한 것이다.

가슴을 열어버린
화병 속 사슴뿔들

세상을 훔치는 법
모두가 다 다르고

꿈들이 얽히고 설켜
나아가질 못한다

파고든 틈 사이로
살아온 부대낌이

언덕을 오르내려
땀으로 멍이 든다

뒤틀려 애타는 심사
바람으로 말린다.

– 「허공에」 전문

위의 시 「허공에」는 여느 편의 시와는 색다른 맛을 내는 작품이다. 형태부터 두 행씩 네댓 어절로 구성된 6연의 시다. '허공'의 '공'과 '꿈'이나 '화병, 사슴뿔, 틈, 언덕'이 갖는 공간적 의미와 '바람'은 시간성을 띤 불교적 색채를 기저에 두고 있다.

1연의 "가슴을 열어버린 /화병 속 사슴뿔들"의 화병 속 사슴뿔은 무엇인가? '화병'은 글자 그대로 '꽃병'인데 '사슴뿔'은 무엇이고 "가슴을 열어버린"은 또 어떤 의미인가.

'화병 속'은 '꺾꽂이 한 꽃'을 꽂은 것인가? 아니면 화병의 무늬로써 그려진 사슴뿔인지, 중의성을 띤 이중적 구조가 다음 행의 "세상을 훔치는 법/ 모두가 다 다르고/ 꿈들이 얽히고 설켜/ 나아가질 못한다"는 시행의 현실적 고통과 장애를 견뎌낸 "파고든 틈 사이로/ 살아온 부대낌이" 절정을 이루고 그래서 "언덕을 오르내려/ 땀으로 멍이 든다"고 했는데, "뒤틀려 애타는 심사/ 바람으로 말린다."는 결구가 오히려 여유롭다. 이런 그에게서 시인의 자화상을 환치하는 「나의 값은 얼마」를 보기로 하자.

값에는 수없이 많은 값이 있다

그중에 나에게 항상 따지고 대드는 것이
밥값 이름값 나이값 자리값이다

윗사람이나 친구가 나무랄 때
주로 밥 이름 나이
자리값 좀 해라고 한다

열심히 책임을 다하지 않는다
싶으면 밥값 좀해라 하고 기를 죽인다

불혹의 마흔이 되었는데도
가벼운 처신을 하면

나이값 좀 해라고 한다

높은 직에 있는 사람이
처신이 격에 낮게 보이면
자리값 좀 해라고 한다

호적에 오르지 않는 내 나이 값은
과연 얼마나 될까

생각만 해도 등줄기가 오싹하다
내 값은 세월이 먹여주는
것은 아니고 내가 챙겨
먹는 것이다

오늘부터 내 값을 조금씩
키워 은행에 삼 년짜리
적금을 정성껏 넣었다가
삼 년 후 제대로 하는 값이 얼마나
될지 찾아봐야겠다.

-「나의 값은 얼마」 전문

위의 시는 시적 화자인 자신의 자리매김을 수치로 환산해 보려는 경영인의 잣대가 흥미롭다. 이 세상에 존재하는 모든 것은 그 나름대로의 가치를 지닌다. 다만 그 값이 합당하게 매김이 되었는지의 여부와 판단은 각자의 몫이다. 시인의 생각에도 "값에는 수없이 많은 값이 있다"면서 그에게 항시 따지고 드는 것이 "밥값, 이름값, 나이값, 자리값"이라고 했다. 경우에 따라서는 윗사람이나 친구가 나무랄 때 주로 그렇게 했다. 이영식 시인이 부대끼며 살아온 현실에서 체득한 고백이며 우리 모두가 공감하는 장면이다. 그래서 문학을 삶의 투영이라고 하는 까닭이 여기에 있다.

2. 가전충효 정신의 시 세계 모색

단란했던 살붙이 관계가
떡보따리 나누다 내 떡이 작아 보여
청설 감정으로 밀어붙이고
속 불이 붙었다

그 사이는 부시와 부싯돌로
불꽃 튕길 틈이 벌어졌다

그 가문의 품위 수준은
드문처럼 한참 낮게 보인다

상속이란 말 속상하다로
뒤집어야 하겠다

불만을 만족으로 덮어버리니
그 형제 미소를 머금고 마음 펴고
살더라.

-「상속」 전문

위의 시 제목인 「상속」이란 낱말에서 뒤집어보면 '속상하다'로 우리말 어휘의 어절교체가 주는 말맛이 매우 흥미롭게 여겨진다. 그래서 '상속'으로 인해 흔히 일어나는 분쟁의 소지가 낱말의 앞뒤 어절교체로 본 '불만'도 '만족'으로 바뀌게 된다고 시인은 세태를 풍자하고 있다.

"단란했던 살붙이 관계가/ 떡보따리 나누다 내 떡이 작아 보여/ 청설 감정으로 밀어 붙이고/ 속불이 붙었다"는 데서 보더라도 가난하게 살거나 평범한 가정이 더 행복한 것은 어버이의 재산 분배 탓으로 형제간의 분쟁은 없기 때문이다. 그래서 결구대로 "불만을 만족으로 덮어버리니/ 그 형제 미소를 머금고 마음 펴고 살더라."는 시적 화자의 희망 메시지를 담았다. 같은 이치로 필자의 「생각을 바꾸면」을 보기로 하자.

> "생각을 바꾸면/ 세상이 달리 보인다/ 참 좋은 세상으로/ 내가 세상을 바꾼다/
> '내 힘 들다' 거꾸로 읽어보라/ '다들 힘 내'/ 나를 바꾼다/ 참 좋은 세상으로/
> 세상이 달리 보인다/ 생각을 바꾸면."

자유, 삶의 그 완전한 가치 찾아
자연 숙성시키기 참 어렵다

남색이 바라보면 자주색이 도망가고
자주색이 손짓하면
남색이 넘지 못할 선을 긋는다

두 색이 섞여 고운 색 보랏빛을
내야 하는데 터럭만큼도 가치 없는
핵이 끼어들어 분열을 일으킨다

하늘이 칭찬하고 생명이 원하는
사심 없는 화색각본을 새로 짜서
자유 그 선택권 밀어내지 말아야 한다.

– 「자유의 빗장」 전문

위의 시는 남북의 화해 무드가 좀처럼 풀리지 않는 현실을 직시한 시인의 우국충정이 묻어난 시이다. 지구상에 단 하나뿐인 분단국가, 그것도 같은 민족끼리 이데올로기의 이념적 갈등에 70년을 적대관계로 대치하고 하고 있다. 이것을 색상어 특히, '남색'과 '자주색'을 대비시켜 보색관계로 섞일 수 없는 현실을 그리다가 두 색이 섞여 곧 화합하여 '보라색'을 창출하려는 의도가 매우 흥미롭다. 그럼에도 시선은 추호의 여지도 없음을 그만의 토속적 사투리로 '터럭(털끝)'만큼도 소용이 없는 '핵이 끼어들어 분열을 일으킨다'고 꼬집는 시인의 재치가 돋보인 작품이다. 그러면 그에게서

아주 특별한 형태의 짧은 시 한 편을 보기로 하자.

> 나면서 일편단심 해님만 사랑한다
>
> 곁눈질 해보는 것 큰 재미있을 터
>
> 하늘의 엄한 계명에 꽂혀 있다 시선이.
>
> -「해바라기」 전문

위의 시는 형태상 3행의 열 두어 절 구조로 된 짧은 시이지만 해바라기의 속성인 '향일성向日性을 살려 쓴 평시조 형태의 함축미가 일품이다. 종장의 처리는 3.5.4.3.의 기본 율격을 지키면서도 중장의 곁눈질해 보고 싶은 세속을 반전시켜 하늘의 엄한 계명을 역설적으로 풀어낸 도치법의 수사기교가 살아 있다.

"나면서 일편단심 해님만 사랑한다/ 곁눈질해 보는 것 큰 재미있을 터/

하늘의 엄한 계명에 꽂혀 있다 시선이."

> 푸르고 맑은 저녁
> 동대산 산마루에 뜬 달빛입니다
>
> 밤하늘의 반짝이는 별빛이고

추억 길을 안내하는 반딧불입니다

일찍이 하늘나라로 가셨지만
내 영혼을 등불로 한순간도
못 잊어 살피고 계십니다

세상을 떠나시기 전 어린 나를
얼마나 걱정되고 마음 아프셨기에
누나와 형에게 저 어린것 잘 부탁해
유언으로 남기셨겠습니까

오늘까지 살아오면서 수많은
위기 때마다
당신은 나를 붙들어 주셨습니다

한번은 바닥 안 뵈는 높은 곳에서 떨어져
일주일간 숨만 간신히 붙어 있었습니다
사람들은 다들 죽었다고 생각했습니다
그대로 다친 곳 하나 없이 살아났습니다

나는 알고 있습니다
어머니 당신의 보살핌이라는 것을

마지막 귀속말로 하셨던
"형제들과 이웃과 다투고 살지 말라"는 말씀
오늘도 가슴에 새깁니다.
어머니!
기도 중에 영혼은 자주 뵙는데
생전의 그 모습 한번만 더 뵙고 싶습니다.

- 「어머니」 전문

이영식 시인의 생전 어머니 모습에 대한 그리움이 묻어나는 절절한 산문시 형태의 사모곡이다. 어머니를 회고하는 시인의 마음은 어린 아이마냥 청순하다. 그래서 전반부에 흐르는 시어 '달빛, 별빛, 반딧불' 등은 깨끗한 이미지이며, 인간의 한계를 벗어난 천체로써 '하늘나라', 곧 소천召天하신 어머니는 시인 자신의 구세주로서 "일찍이 하늘나라로 가셨지만/ 내 영혼을 등불로 한순간도/ 못 잊어 살피고 계십니다."라고 했다. 그런 어머니는 자신을 지켜주는 수호신 같은 존재이다. 그래서 어릴 적 "바닥 안 뵈는 높은 곳에서 떨어져/ 일주일간 숨만 간신히 붙어 있었습니다/ 사람들은 다들 죽었다고 생각 했습니다/ 그대로 다친 곳 하나 없이 살아났습니다."고 회상한 시이다. 그래서 시인은 이미 세상을 떠나신 어머니가 다시 오실 수 없음을 빤히 알면서도 "생전의 그 모습 한 번만 더 뵙고 싶다"고 곡진하게 간구하고 있다. 하지만 산문시는 산만해지기 십상이므로 갓 잡아올린 펄쩍 뛰는 생선을 대하듯 수사기교로써 절제미, 함축성이 있는 표현에 대한 고뇌가 향후 시인의 과제이기도 하다.

백년 사랑 굳게 믿고
호담 장담 서약을 맺었다

몇 년은 애정의 땔감을
어디에서 누구가 보냈는지
내 사랑 화끈하게 타올랐다

가슴속 냉기가 돌아
마음에 손을 얹어 보니
사랑 지피는 기름이 말랐더라

행복은 창호지를 입고
앉으나 서나 누우나
이리저리 시선을 피하고
어깃장을 놓는다

사랑과 행복 땔감 그 어디서
누가 어떻게 마련할까.

- 「서약」 전문

예전에는 이 세상에 태어난 사람치고 혼례를 갖지 않는 사람은 드물었다. 중매를 하든지 연애를 하든지 백년가약의 혼례를 올렸다. 오늘날에 와서 금방 돌아서는 사람이 많아져서 그런지 예식 절차에 혼인서약이 있다. '어떠한 경우라도 서로 존중하고 사랑하겠노라'고 서약을 한다. 혼례를 올리고 "몇 년은 애정의 땔감을/ 어디에서 누군가 보냈는지/ 내 사랑 화끈하게 타올랐다."고 했지만 살다가 보면 누구에게나 한번쯤 홍역도 치르고 권태기도 오기 마련이다. 시적 화자도 역시 그랬다. 시인은 사랑을 '땔감'과 '사랑 지피는 기름'에 비유했다. 그리고는 어느 순간에 "가슴 속 냉기가 돌아/ 마음에 손을 얹어 보니/ 사랑 지피는 기름이 말랐더라."고 했다.

사랑의 주체는 다른 사람이 아닌 시적 화자 자신일 수도 있다. 마치 선뜻 갈라서는 오늘날의 세태를 고발하기라도 하듯 반어적으로, 아이러니한 현실을 꼬집고 있다.

때로는 행복이 "앉으나 서나 누우나/ 이리저리 시선을 피하고/ 어깃장을 놓기"도 하지만 "사랑과 행복 땔감 그 어디서/ 누가 어떻게 마련할까."는 결구가 의미 있게 다가온다. 그렇다. 누가 어디서 어떻게 마련해주는 것이 아니라 사랑과 행복의 땔감은 주체인 자신이 스스로 마련해야 한다는 당위성을 완곡하게 제시하고 있는 것이다.

다독거리지 않은 사랑이었다

어느새 세파에 흔들리고
권태기의 무게로 절뚝거린다

굳어진 무관심 덩어리 박피하고
그 속을 노크해 본다

애교의 고깔을 고쳐 쓴다

애정의 순간을 물 따라 파도 따라
출렁이는 어해도語海道에 싣는다.

-「어해도 가는 길」 전문

위의 시는 사람이 살아가면서 감정적 동물이기에 평생을 신혼처럼 한결같이 좋게 살 수만은 없다. 서로 다른 환경에서 자라온 탓에 때로는 의견 충돌이 생길 수도 있고 다소 무관심해지는 권태기를 맞을 수도 있음을 시인은 알고 있다. 해서 시적 화자는 "어느새 세파에 흔들리고 굳어진 무관심 덩어리 탓에" 다독거리지 않은 사랑이 된 현실을 반추하며 사회병리 현상을 풍자하여 말씀으로 풀어가는 바닷길, 혹은 말씀을 풀어놓은 섬 '어해도 語海道 語解島' 라 명명했다. '어해도'란 낱말이 그렇다. 시인은 적절한 시어의 창출을 위해 끊임없이 고뇌하고 스스로 새로운 어휘를 생성해내는 창조적 활동을 하기에 '언어의 연금술사'라고 하지 않았던가.

3. 문학 향기와 공동사회 가치 창출

최 부잣집 맥곡 풍년이 들어
뒤주가 크고 둥그렇다

간작으로 씨 뿌린 가랑파도
해마다 싱싱하다

최부자 백리 안 가난한 이웃을
아낌없이 살피고 베풀었다

이 따뜻한 낭보에
온 동네 가슴 따뜻이 데워졌다

뒷동네 초가집 까칠이
혼자만 심술보가 터지고
배가 아팠다

풍년 남을 먼저 살펴야
하늘이 더 많은 복을 내린다.

– 「복, 마음보 맑게」 전문

위의 시는 각박하게 살아가는 도심과는 달리 베풀고 사는 따사로운 인정이 느껴지는 시이다. 시인이 살고 있는 이웃, 경주 교동 최부자가 그러했다. 사방 백리 안에 굶어죽는 사람이 없게 나누고 베푸는 삶을 살라고 가문에 전해지고 있다. 남

제4부······/···103

풍성하게 차려진 청자 빛 시집

맑은 가슴으로 푹 익히면
그 속은 은유 빛 백자 색

식권 한 장 안 가져도
마음으로 풍성하게 맛을 본다

시심은 풍동을 일으키고
뙤약볕같이 뜨거워져
곧바로 카드를 긁어버린다

설익어 미각이 역류로 흐르면
외로운 비매품 명패를 감춘다.

-「은유로 깊게 익히면」 전문

위의 시 「은유로 깊게 익히면」은 제목부터가 이영식 시인의 시론을 접목시킨 작품을 만난 듯하다. 시어의 부려 쓰임이 예사롭지 않다. 여러 사람이 둘러앉아 음식을 차려먹을 수 있도록 크고 둥글게 만든 상床이 '두레상'이다. 두레상은 '여러 사람, 마주보며 둘러앉아 음식을 차려먹는' 데 사용하는 식탁에 비유되고 그런 상 위에 풍성하게 차려진 "청자빛 시집"이라 했다. 게다가 둘째 연에서도 "맑은 가슴으로 푹 익히면/ 그 속은 은유 빛 백자 색"이 되고 마는 예사롭지 않는 시심이 일상으로 대하는 밥상과 대비시켜 시인의 독서는 곧 "식권 한 장 안 가져도/ 마음으로 풍성하게 맛을 본다"고 하였다. 도서 대출증 없이도 "시심은 풍동을 일으키고/ 뙤약볕같이 뜨거워져/ 곧바로 카드를 긁어버린다"고 했으니 이미 충분히 마음의 양식을 얻고 있는 시적 화자의 여유로움이 감지된다. 결구의 "설익어 미각이 역류로 흐르면/ 외로운 비매품 명패를 감춘다"는 것 역시 식탁과 어울린 감각어 '설익은 미각'에, "맑은 가슴으로 푹 익히면" 등은 조리법에 비유되는 상징성이 시선을 끌고 있다.

진향 그 이름이 가슴 울린다
길상사 용마루 위 저 하늘에 보인다

대원각을 경영하며 겪은 그 고난
맨홀뚜껑 훌쩍 열고 뛰어 들어가
세상사 하직할까 생각 또 생각
부지기수다

쌓이고 쌓인 외상값 받지 못하여
풍등 같은 위기는 어찌 다 말하랴
그때마다 마음의 로터리를 돌고 돌면서
추스르고 또 추스렸다

그 바탕엔 문학 속의 책거리가

저 바위처럼 길을 깔았다

문학의 참가치를 깨달은 그날
천억의 재산도 백석의 시 한 줄보다
하잘것없다 하였으니

문학은 저 하늘 샛별 되어
어제도 오늘도 너와 나 우리의 가슴에
푸른빛을 비추고 있다.

- 「금보다 더 진한 값」 전문

위의 시는 백석 시인과 진향 김영한의 사랑을 그린 시로서 언뜻 백석의 「나와 나타샤와 흰 당나귀」를 스치는 기분이다. 시인 스스로 백석이 된 대리만족의 기쁨으로 얻은 시는 아닐까 억측을 낳게 한다.

백석의 본명은 백기행白夔行이며, 평북 정주에서 태어난 김소월과 동향의 천재 시인으로 불린다. 그는 185cm의 훤칠한 키에 잘 생긴 외모, 해박한 지식, 달변의 영어교사였고 우리나라 모더니즘 시를 발전시킨 시인이다.

김영한, 그녀는 10여 년간의 끈질긴 설득으로 1997년 1000억 대의 재산을, 당시 우리나라 3대 요정 중의 하나인 대원각을 법정에게 기증했다. 세상에 놀라움을 주며 등장한 사건으로 한 기자가 그런 엄청난 재산을 기증한 것이 아깝지 않느냐고 물었다. 그때 그녀는 "그까짓 1000억의 돈, 백석의 시 한 줄만도 못해."라고 했다.

김영한은 1916년, 일제 강점기에 가난한 집안에서 태어났다. 15살 나이에 시집을 갔으나 남편이 죽자 진향이라는 기생이 되었다. 그녀는 시와 그림 등의 문학적 감수성이 뛰어났다. 훗날 『삼천리문학』에 수필을 발표하기도 했고 중앙대학교 영문학과를 졸업했다. 그녀가 죽기 얼마 전 한 기자가 인터뷰를 했다. "다시 태어난다면 어디서 태어나 무엇을 하고 싶은가?" 그녀의 대답은 "영국쯤에서 태어나 문학을 하고 싶다"고 했다. 이런 배경을 가진 두 사람에 대한 일화를 시인은 꿰뚫고 있는 듯하다. 개별적으로 찬찬히 들어보고 싶다. 툭하면 갈라서는 오늘날의 세태를 보면서 '백석을 그리는 진향의 단심丹心과 문학적 사유思惟'에서 얻은 값진 교훈, 그것은 시인이 외치는 "금보다 더 진한 값", 문학의 교시적 기능을 설파한 듯 가슴에 와 닿는다.

앞서 논의한 것을 요약해 보면 얻은 결론은 분명하다. 이영식 시인은 고희를 넘긴 삶에서 다양한 사회적 경륜과 2007년 이후 10여 년간 그가

써온 수필세계를 통하여 체득한 문학적 토양 위에 독특한 시각으로 "삶의 향기를 주는 서정시 세계를 구축"한 시인으로 평가를 받는다.

따라서 이 시집은 그만의 방법으로 시를 접목시킨 전문적 직업의식과 부부의 사랑, 어버이에 대한 육친 간의 효행, 나아가 사물의 관찰에서 시의 끈을 부여잡고 문학의 토양을 기름지게 가꾸려는 의지가 불가적, 도가적 수행의 접근 곧 철학을 바탕으로 한 휴머니즘의 조화를 목표에 두고 시인 자신이 꿈꾸는 '인문의 나래- 어해도 가는 길'을 내려고 혼신을 다한 산물이다.

필자는 논의 과정에서 수차례 강조한 바, 시는 함축성이 생명이다. 삶에서 쉽게 건져 올릴 수 있는 소재를 어떻게 문학적으로 사실성 있게 구현할 것인지, 나아가서는 그것을 어떻게 시적 에스피리(esprit)를 실현할 수 있을 것인지에 대한 진지한 고뇌가 작품 속에 용해되어야 한다. 이제 첫 시집의 경험을 토대로 이영식 시인에게서 이 원초적 과제를 고려한 수사적 기법과 함축성이 어울린 진수眞髓, 더 감칠맛이 나는 새로운 시도를 기대해 본다.